Motschi von Richthofen

# Sprichwörtern auf den Versen

Gedichte in deutscher Sprache
zum Schmunzeln und Denken

Verlag und Druck:
tredition GmbH
Halenreie 40 – 44
22359 Hamburg
E-Mail: info@tredition.de
tredition GmbH
1. Auflage 2020

978-3-347-01823-5 (Paperback)
978-3-347-01824-2 (Hardcover)
978-3-347-01825-9 (e-Book)

*Das Wort ist ein Fächer! Zwischen den Stäben*
*blicken ein Paar schöne Augen hervor.*
*Der Fächer ist nur ein lieblicher Flor;*
*Er verdeckt mir zwar das Gesicht,*
*Aber das Mädchen verbirgt er nicht,*
*Weil das Schönste, was sie besitzt,*
*Das Auge, mir ins Auge blitzt.*

Johann Wolfgang von Goethe

## Jetzt geht's um die Wurst

Ich versuche mein bestes zu machen
Und mein Feuer zu entfachen
Es geht um jede Sekunde
und es ist die letzte Runde


## Du bist auf dem Holzweg

Der Weg zum Schloss ist nicht aus Holz
Sei bloß nicht zu stolz
Den auch der Weg aus Diamanten
Hat Ecken und Kanten

Das Ziel ist der Weg
Hier und da ein kleiner Steg
Da und dort ne Brücke
Und neue Eindrücke

Und wenn man voll daneben liegt
Und nichts mehr auf die Reihe kriegt
So ist man völlig verkehrt
Und hat Erfahrung vermehrt

## Ich versteh nur Bahnhof

Da steh ich nun ich armer Tor
und bin so klug als wie zuvor
Ich verstehe einfach nicht
und da kommt auch kein Licht,
das mir plötzlich aufgeht
und mich mit Wissen umweht

## Du bist so ein Angsthase

Angsthase Pfeffernase
Morgen kommt der Osterhase
Und so springst du weiter hin und her
Denkst ja alles ist so schwer
Und checkst es nur mit Bangen
Bist halt irgendwie gefangen
Versuchst allen Sorgen auszuweichen
Magst du damit viel erreichen
Der Osterhase kommt zu jeder Zeit
Mit Eiern der Ängstlichkeit

Das Höhlengleichnis steht's bereit
Es wird auch Zeit
anstatt seinem Schatten nachzujagen
und zu allem Ja und Amen sagen

In die offene Welt entspringen
mit Neuem das Sein verbringen
und ungeachtet all der Normen
genial Verrücktes formen

Seine eigenen Ketten aufschließen
und mit Champagner begießen
entlich frei und ungebunden
mit der Unendlichkeit verbunden

Auf auf spring gechillt
Sei endlich wild

Den Ratten
bleibt der Schatten

Ihre Uhr geht wohl etwas nach
und verursacht Ungemach
oder geht sie vor
als Störfaktor.

Alle Tassen sind nicht mehr im Schrank
das ist doch echt ein bisschen krank
ach die Zeitbombe ihrer Natur
hinterlässt ihre eigene Spur.

Tick Tack Tich Tack
ab in den Sack
Zugeschnürt und als Paket
das auf die Reise geht

## Staatsanwälte und Richter

Staatsanwälte und Richter
sind halt keine Denker und Dichter
Sie denken nur an ihre Paragraphen
mit denen sie leben und schlafen.
An Herz und Liebe weit gefehlt,
aber sie haben es sich so gewählt.
Bedauerlich ist es nur sehr
Sie vertrocknen das Lebensmeer
mit all den negativen Gedanken
beseelt mit ihren eigenen Schranken.
Sie meinen sie wären erhaben
mit rechtstaatlichen Urteils-Gaben
und viele werden ganz schlecht
Ihrer Verantwortung gerecht
Viele von ihnen sind nur auf der Lauer
und sähen überall lediglich Trauer
Der Eine klagt nur an, ob schuldig oder nicht
Und der Andere schwingt seine Hammer-Sicht
Dennoch auch unter diesen vielen Verirrten
gibt es ehrenwerte Hirten.
die mit Barmherzigkeit agieren
und Gerechtigkeit kreieren
Aber der Großteil jener Gestalten
zeigen ein inhumanes Verhalten
Römer oder Freisler zu jeder Zeit
mit dem Zepter der Rechtschaffenheit
Jene die, die einzelne Seele nicht achten

kann man eigentlich nur verachten,
aber da würde man sich auf die gleiche Stufe stellen
und lieber schwimmen wir auf den Liebeswellen
und füllen unseren Tränenteich
mit der Hoffnung sie würden einst auch reich
an Altruismus und demütigen Streben
in ihrem so kurzen Arbeitsleben.


## Thin Skin

Sometimes we are very sensitive
and feel every single emotion
our soul just impulsive
in this human ocean.

Soft and full of tenderness
our human dress

To apply a litmus test (Gretchenfrage)

There is this Swedish youngster
Appling to the modern gangster
And asks what do we do
And how dare you

Pointing out the climate change
And how we should rearrange
Our common life of capitalism
Demanding the human moralism

A little girl with great dispassion
But with enormous passion
To make a wake up call
With the ability to enthrall

The once who want to be blind
With a tiny narrow mind
Sending out fake news
Stating their own views

And those who may use their brain
Sometimes think its all in vain
But be aware
We all have to take care

It will not be enough to pray
we have to go a responsible way

where life is estimable
and the earth recoverable

New challenges will come soon
To mankind's school room
The poodle at the doorstep
Here he is Yep

Activity is what we need to spread
Sustainability and foresight will succeed

So we stand up and form our present days

## Holla die Waldfee

Du alter Schwede!
Meine Rede.

Ich bin erstaunt
Hab's rausposaunt

Hört hört
Ist ja unerhört

Der volle Wahnsinn
und krasse Gewinn

Erstaunlich muss schon sagen.
Jetzt kommt's zum Tragen.


## Du hast doch einen Vogel

Da zwitschert was in deinem Kopf
Klopf klopf

Die neue Melodie
der Idiotie

## Ich falle aus allen Wolken

Der Grieche Aristophanes schrieb davon
der Stadt namens Wolkenkuckucksheim.
Die Fantasiestadt als wahrer Keim
Für eine Traumwelt mit dem Wunderton

Heute bin ich überrascht
von der Wirklichkeit
und habe gleich daran genascht
mit Heiterkeit.


## Jemanden das Wasser reichen

Kannst mir nicht das Wasser reichen
Bist halt eben nicht meine Ebene
Und wirst es wohl auch kaum erreichen

Ich wasche meine Finger in Unschuld
Ist nur alles Talent und angeboren
Die Realität ist oft niemandens Schuld

## Das Gelbe vom Ei

Die Leistung lässt deutlich zu wünschen übrig
wir sind doch alle richtig hungrig
da kann man noch etwas daran feilen
aber auch bitte nichts übereilen
sondern fokussieren wir unsere Bahn
wir ziehen der Faulheit ihren Zahn
und kommen zum Ziel
ist ja ein Pappenstiel.

## Fuchsteufelswild

Wenn der Fuchs durch die Lande zieht
und das Wild entflieht
dann ist der Teufel auch zur Stelle
und triezt ihn auf die Schnelle
so dass er ganz rot vor Wut
in seine Augen tritt sein Blut
und ihn nichts mehr halt
und er aus allen Wolken fällt.

## Schlamassel

Nun haben wir den Salat
da braucht man einen Rat
das Chaos ist einfach viel zu bunt
und mental so völlig ungesund.


## Das ist doch zum Mäusemelken!

Es ist Tatsache,
dass egal was ich mache
wie so ein Jammertal
als hätt ich keine Wahl
und Verzweiflung tritt auf
und das zu Hauf

## Das kannst du dir abschminken

Um es zusammen zu fassen
ich werd es unterlassen
den Schuh zu ich mir nicht an
auch nicht dann und wann


## Etwas durch die Blume sagen

In der Barockzeit
War es nicht leicht
Liebende zu verbinden
So saß man Rücken an Rücken
Blumen zwischen sich
Um sich in ihnen zu finden

## Auf Achse sein

Der rollende Wagen
Stets etwas wagen
Ja zum Lernen sagen
Rückschläge ertragen
Durch das Leben jagen
Neue Wege schlagen
Und manches erfragen
Empor zu Neuem ragen


## Etwas abklappern

Von A nach B gehen
Pontius und Pilatus sehen
Als Wanninger bestehen

Etwas nachlaufen
Information kaufen
Sich die Haare raufen

Alles absuchen
Meetings buchen
Manchmal fluchen

## Sich zum Affen machen

Manchmal machen wir uns zum Affen
Auf dass alle auf uns gaffen
Auch wenn wir nichts erschaffen

Da sind wir der Narr der Stunde
Und uns beißen die Lästerhunde
Manchmal in die offene Wunde

## Den Faden verlieren

Im Labyrinth verloren
Verwirrte Rezeptoren
Stehen wir auf dem Schlauch
Die Sprache plötzlich Schall und Rauch

## Der Elefant im Porzellanladen

Taktlos und unaufmerksam
Trampelt er alles nieder
Er meint er wäre einfühlsam
Und hat wohl schlimmes Fieber

So ist es um ihn bestellt
Man möge es ihm verzeihn
Er ist nun mal in seiner Welt
Und niemals wirklich gemein

## Jemandem einen Bären aufbinden

Mach mir ruhig was vor
Ich bin dann mal der Tor
Und lasse mich mit meinen Fragen
Schlichtweg ins Bockshorn jagen

Du kannst mir viel erzählen
Mich mit Phantasien quälen
Mir als bare Münze verkaufen
Da mag ich mir die Haare raufen

Der Bär ist schwer
Und lacht in Lauser-Pracht


## Äpfel mit Birnen vergleichen

Einen Mann mit einer Frau vergleichen
Würde man ja gerne machen
Was kann der eine oder die andre wohl erreichen
Wird gleich ne Diskussion entfachen

25

## Ins Fettnäpfchen treten

Aus Versehen blamiert
Und das Falsche platziert
Leider keine Stiefel eingefettet
Und mit anderen gewettet
Sondern einfach nur peinlich gewesen
Auf meine eigenen Spesen


## Süßholz raspeln

Ein Schmeicheln der besonderen Art
Mit süßen Worten ganz apart
Damit es auch jeder gleich erfühlt
Und mit Schönem sich umhüllt


## Die treulose Tomate

Sich mal wieder nicht gemeldet
Oder das Versprechen eingehalten
Wohl der Verpeiltheit geschuldet
Oder dem unaufmerksamen Verhalten

Trick 17

Die sofortige Lösung
Einer ungewöhnlichen Herausforderung
Mal kurz aus dem Ärmel gezaubert
Und das Problem erobert


Auf keinen grünen Zweig kommen

Was man auch macht
Es ist eine Schlacht
Die gegen Windmühlen kämpft
Als wär man mit Reinfall geimpft

Im Hamsterrad der Negation
Und jede noch so geniale Vision
Versandet in der Prärie
Und bleibt nur Theorie

## Sich auf die Socken machen

Schnell schnell weg
Ja so ein Dreck
Die Schuhe daheim
Was für eine Pein

Aber in Aktion
Und der Aufbruch zur Mission

## Den Braten riechen

Das Üble hat einen besonderen Geruch
Es riecht so schön nach Leichentuch
Da kehrt man auf der Türschwelle um
Und windet sich drum herum

## Mit allen Wassern gewaschen sein

Faust dick hinter den Ohren
Da hat der andere schon verloren
Denn wer die Weltmeere kennt
Und für die Vielfalt brennt
Der hat Mut und Wissen
Und ist echt sehr gerissen
Kennt einfach die Welt
Und wie es sich in ihr verhält


## Sich etwas aus den Fingern saugen

Die Weisheit mit dem Löffel gegessen
Kann man voll vergessen
Aber aus den Fingern ist viel besser
Ein Kleiner Schnitt mit dem Messer
Und schon tropft das Wissen heraus
Und man ist aus dem Schneider raus

## Du kannst mir den Buckel runter rutschen

Hey jetzt langweil mich nicht
Du kleiner Wicht
Du kannst mich mal
Weg mit dir du bist ne Qual


## Das geht ab wie Schmitz Katze

Der Schmied hat ne Katze
Mit ner schnellen Pratze
So läuft sie schnell durchs Haus
Und angelt sich jede Maus
Das flutscht ja mal so richtig
Als wäre alles andere nichtig
Schnell wie der Wind
Unverfroren ganz geschwind

When I began...

When I began to love myself
I saw my weaknesses
and embraced them
by hugging the others

When I began to love myself
I found out what makes me laugh
And made jokes about me
Making others smile

When I began to love myself
I faced my imperfection
And let it go
By forgiving everybody

When I began to love myself
I shaped my days with enjoyment
and covered my nights with openness
which I saw within every passing person

When I began to love myself
I was surprised about my fear
And made it disappear
Through believing in myself and others

When I began to love myself
I realized what trust yourself means

31

And how we can awaken strength
By being confided in on another

When I began to love myself
I recognized, that the brain alone
Is like a flower without sun
We need to water both

When I began to love myself
I started to crawl out of my comfort zone
And opened my heart to the outside
And saw much more than before

When I began to love myself
I looked behind this mortal life
And a sparkle of eternity
Showed me what life is all about

Compassion

## Hummeln im Hintern

Sie fliegen wild umher
Und tun sich wirklich schwer
Mal Ruhe zu geben
In ihrem kurzen Leben
Und stechen
Diese kleinen Frechen
Sie wollen immer bewegen
Und sind geradezu verwegen
In den Revolutionswirren
Im Hintern rum zu schwirren
Ohne Unterlass aktiv
Und stets sehr kreativ
So tummeln
Sich die Hummeln


## Auf den Arm nehmen

Du kannst mich gerne tragen
Aber du solltest es nicht wagen
Mich anzulügen
Und zu betrügen

## Etwas aus dem Boden stampfen

Noch nichts war vorhanden
Und ist aus dem Nichts entstanden
Mit der Saat hat es angefangen
Und die Ideen sind aufgegangen


## Zart besaitet

In all den universalen Weiten
Spielt auch der Mensch seine Saiten
Und manche weichen Töne
Mitunter wunderschöne
und kommt da einer mit nem Paukenschlag
ist es wie ein harter Schlag
dem er nicht gewachsen ist
der sensible Lebenskomponist


## Kindskopf

Im Kopf noch das volle Kind
Mit Unfug ganz geschwind
Voller Witz und Blödsinn
Fürs Alter der volle Gewinn

## Hunde die bellen beißen nicht

Da hat aber jemand ne große Klappe
Mit seiner dichten Badekappe
Denn eigentlich hat er ja nur Schiss
Vor sich selbst dem Hindernis

So posaunt er lauthals hinaus
Für die Ohren welch ein Graus
Wie toll er ist und was er kann
Da sag ich nur Oh Mann oh Mann


## Das Motiv heiligt die Mittel

Wie schwer es auch sei
Ist gänzlich einerlei
Denn der Gedanke zählt
Der frei gewählt
Sein Ziel anvisiert
Und es nie verliert

## Du kommst in Teufelsküche

Oh jemine was hast du gemacht
Gib bloß acht
Da steht er schon und erfreut sich
Auf dich

Versuch dich schnell aus den Staub zu machen
sonst hast du nichts zu lachen
denn wenn dich ein Mal seine Mühle hat
bist du recht schnell platt


## Ich mach mich aus dem Staub

Rasch da kommt ne Negation
und mit schnellen Schritt
Ab in ne andere Dimension
Nur schnell weg damit

Du hast nen Sprung in der Schüssel

Du tickst ja nicht so richtig
Die Seelenuhr läuft nicht rund
Sei dir selbst auch wichtig
und gib dem Herzen davon kund

Denn wenn so manche Verstandes-Tasse
im Schrank dir fehlt
Überträg sich das auf die Gehirnmasse
Wo jede Einheit zählt


In der Tine sitzen

Es ist schon ätzend
Muss man sagen
Und es beklagen

Hinein gefallen
So ein Pech
Man zahlt die Zech

## Nun ist der Ofen aus

Nun ist der Ofen aus
Aus die Maus


## Ich hab jetzt echt de Nase voll

Jetzt werd ich toll
Ich hab die Nase voll
Mir reicht's, ich kann nicht atmen
Und muss mal durchatmen

## The rich imprisoner

I heard about a person
Making his money with gas
With just champagne in his glas
And living in himself made prison

He let the architect build a villa
Glamorous with lots of space
Inside it seemed a great place
Perfect for a resource guerrilla

Five times a year he travelled to his jail
Surrounded by beautiful landscape
Where he wanted to escape
In the end it was of no avail

As a captive man in his own house
He was not able to enjoy real life
Going out to the streets and be alive
To all the little biergardens and bouse

He had his jailer he called bodyguards
Taking care of him in his own property
Where he lived in rich and wealthy poverty
only seeing the countryside on postcards

Unfortunately angst and fear
Kept him away to get real joy

Having fun like a grown up boy
Every second, minute, day and year.

Poor with all his richness
Poor with all his success


## Du Glückspilz

Wie Pilze schießen sie aus der Erde
Die tausende kleinen Glücksmomente
Ein ich bin und ich werde
Durch seine Elemente

Wie ein Magnet das Positive
nur anzuziehen weiss
ist das wundervoll Explosive
immer heiss

## To apply a litmus test (Gretchenfrage)

There is this Swedish youngster
Appling to the modern gangster
And asks what do we do
And how dare you

Pointing out the climate change
And how we should rearrange
Our common life of capitalism
Demanding the human moralism

A little girl with great dispassion
But with enormous passion
To make a wake up call
With the ability to enthrall

The once who want to be blind
With a tiny narrow mind
Sending out fake news
Stating their own views

And those who may use their brain
Sometimes think its all in vain
But be aware
We all have to take care

It will not be enough to pray
we have to go a responsible way

where life is estimable
and the earth recoverable

New challenges will come soon
To mankind's school room
The poodle at the doorstep
Here he is Yep

Activity is what we need to spread
Sustainability and foresight will succeed

So we stand up and form our present days

## Corruption

A friend of mine needs a job
and I don't like him to drop
as he is a soulmate of mine
and it is just for everybody fine

The best form of corruption
Is still a destruction

Somebody supplies me with goods
He is in the neighborhood
And I just do him a favor
With my own labor

The best form of corruption
Is still a destruction

Myself and others do not want to loose
So we decided and choose
That the best is to fix the price
and everybody's profit will rise

The best form of corruption
Is still a destruction

My brother needs support
He is really good in sport
So I just used my relations
And set up some communications

The best form of corruption
Is still a destruction

And so on and so on .....
There is a thin line _____

Slip(en)

Ganz schnell zum Ziel
Es fehlt nicht viel
Man rudert schon quer
Wo kommts nur her
So nah und in der Weite
Und geht auch gleich in die Seite
Schon hat man an Höhe verloren
Und die Nähe heraufbeschworen
Gleich setzt man sacht auf
Und ist gut drauf

## Hommage an Edi

Mit über 90 Jahren
die wundervoll waren
darf man auch in den Himmel aufsteigen
und mal seine Engelsflügel zeigen.

Du hast die ganzen Anfänge des Segelflugs erlebt
und deinen leidenschaftlichen Enthusiasmus stets
gelebt.
Diverse Auszeichnungen bestätigen dein Lebenswerk
vollkommen egal ob mit oder ohne Triebwerk.

Edi warst ein Lufteroberer von Natur
und eine hilfsbereit-schillernde Figur
Du hast Tausende in die Luft gebracht
und viel Zeit am Flugplatz verbracht.

Als Fluglehrer warst du einfach wunderbar
deine wertvollen Aussagen immer ganz klar
Für uns Schülern, die hier zahlreich stehen
hast du mit allem wichtigen Rüstzeug versehen.

Manchen hast du die Leviten gelesen
Das Lehrende ist in deinem Wesen
Du warst immer fair und zeigtest Einem den Weg
und so mancher großartiger Pilot ist dafür der Beleg

Ohne dich gäbe es den Königsdorfer Flugplatz so nicht

du hattest und hast hier immer noch viel Gewicht.
Für vieles ein großer Wegbereiter
stringent dennoch offen und heiter

Du bist einfach ein fantastisches Unikat
ein Mensch mit Herz und wertvollem Prädikat.
Allzeit bereit und immer zur Stelle
als Mentor und als Ratgeberquelle

Du wirst sicherlich nicht vergessen werden
sowohl in der Luft, als hier auf Erden.
Mögest du nun zu neuen Räumen fliegen
und mit andersartigen Flügeln obsiegen.

Vielen Dank für all deine vielen Stunden
du bist mit uns allen tief verbunden
und hast uns so unendlich viel gegeben
in deinem nun vergangenen Leben.

Hier ein Hoch auf dein Sein
Traurigkeit war ja auch nicht so deins oh nein
Sondern feiern dich und deine Errungenschaften,
die so vieles kreierten und erschaffen

DANKE

## Der Erbsenzähler

Die kleinste Erbse hat Gewicht
aus seiner Sicht
und so pickst er jede auf
und macht einen Einlauf

Hält es dem anderen vor die Nase
bis zur Ekstase
so ist er einfach hängengeblieben
im Erbsenschieben
und verliert sich in Kleinigkeiten
und deren Bedeutungslosigkeiten


## Mir fällt ein Stein vom Herzen

Ich hatte ja so Schmerzen
Jetzt fällt mir ein Stein vom Herzen
Das Problem hat sich behoben
Und die Freude emporgehoben

## Auf dem Schlauch stehen

Die Information dringt nicht durch zu mir
Ich hatte es schon im Visier,
aber die Leitung zum Gehirn
bleibt stehen bei der Denkerstirn


## Nun schlägt's aber dreizehn

Bereits in babylonischer Zeit
erscheint diese Zahl als sehr verhängnisvoll
in jeder Kultur weit und breit
ist die dreizehn nicht wirklich toll

So auch hier mal wieder
zeigt der Teufel sein Gefieder
das kann es ja wohl nicht sein
was für eine Pein

## Alles für die Katz'

Alles umsonst, ein Hungerlohn
Das ist ja wohl der schiere Hohn
Die Katze kann ein „Danke" nicht essen
Nur ne Maus würde sie gerne fressen.


## Das passt auf keine Kuhhaut

Früher hat man auf die Kuhhaut geschrieben,
aber da passte nicht so viel drauf
und je unerträglicher und durchtrieben
der jeweilige Lebenslauf
umso weniger konnte man über das Treiben
der unsäglichen Frechheit schreiben

## Darauf kannst du Gift nehmen

So sicher wie das Amen in der Kirche
Das werde ich machen
Hey das ist nicht zum Lachen
Nach all der ewigen Recherche
Kann es gar nicht anders kommen
Sei nicht so voreingenommen
Es ist nun mal wie es ist
Du alter ewiger Fatalist


## Da guckst du dumm aus der Wäsche

Na du kleiner Wäschesoldat
hast ja das volle Prädikat
bist halt einfältig und kaum gescheit
so ist es nun mal mit der Einfältigkeit.
Aber denk dir nichts jede schaut mal wie du,
nur manchmal und nicht immerzu

## Leg einen Zahn drauf

Mach mal schneller
das Zahnrad dreht sich
Sei einfach rationeller
und überdurchschnittlich


## Ins Gras beißen

Jetzt beiß ich mal ins Gras
und trinke den letzten Schluck
aus meinem Lebensglas
und habe keinen Druck

Ist ja ganz egal
Adieu du Sein
Auf ein andermal
Ich habe keine Wahl

## Klapp zu, Affe tot

Der Lebenszirkus macht dicht
um für den Affen zu trauern
denn anderes geht es nicht
egal was in der Zukunft mag lauern


## Alle Trümpfe in der Hand halten

Ich habe ein gutes Blatt
reich an Farben und
und zeig es niemanden


## Alles ausbaden müssen

Wieder baden wir alles aus,
obgleich wir nicht der letzte Badegast
na ja das Leben ist ein Affenhaus
und manchmal tragen wir des Anderen Last

## Alter Schwede

Donnerlottchen ich bin erstaunt,
was haben die 30iger Jahre da hinaus posaunt?
Unglaubliches mein Freund und Kamerad,
wir sind hier wohl im Preußischen Staat.

Ja es ist schon krass
Du bist auch schon ganz blass
Aber es ist wie es ist
Ein schöner Hühnermist


## Am Riemen reißen

Sich dem Appell stellen
und auf dem Lebenswellen
stramm und fest stehen
egal welche Winde wehen
denn der Kapitän ist das Ich
und das geradezu unweigerlich

## Asche auf mein Haupt

Man muss kein Christ sein,
um sich offen selbst zu reflektieren
und Aktionen auf sich zu produzeren,
denn ob groß ob klein
keiner ist perfekt
und immer korrekt
in seinem Sein


## Auf den Schlips treten

Gehröcke sind ja schon längst out
dennoch hat man eine Dummheit gebaut
und hat wohl eine Beleidigung ausgesprochen
und dem Anderen damit das Herz gebrochen

oh je oh je
das tut wohl weh

## Auf die Pelle rücken

Komm mir bloß nicht zu nah
Hey du bist mir hautnah
Ich brauche mehr Luft
Und keinen anderen Duft

## Auf die Tube drücken

Auf geht's gib Gas
Es macht doch Spaß,
die Schnelligkeit zu spüren
und das Jetzt so zu führen
als ob jede Sekunde zählt
und es einem an nichts fehlt

## Auf Trab bringen

Dahinschlendern kann ja jeder,
leicht wie eine Feder,
die sich von Wind recht nett
sich treiben lässt vom Wohlstandsfett

Dagegen muss man was machen
sich aktivieren und aufwachen
auf Vordermann bringen
und den Lebensmut besingen

## Böhmische Dörfer

Wie Palmström verstehe ich es kaum
als wäre es ein irrer Traum
und weiß auf keine Fragen
die richtige Antwort zu sagen

## Aus einer Mücke einen Elefanten machen

Es war einmal eine Mücke
mit einer eigenen Perücke,
die zog sie oft auch an
ganz klar mit vollem Elan
so wurde die ganz banale
grüne Bananenschale
plötzlich die Fatale
und riesengroß wie der Elefant,
der die Welt nicht mehr verstand.


## Farbe bekennen

Manchmal muss man es beim Namen nennen
Und schlichtweg Farbe bekennen
Sein eigenes Bild zeichnen und formen
oft entgegen aller Normen
es einfach wirklich wagen
und seine Wahrheit sagen.

## Da liegt der Hund begraben

Hier geht nichts ab
Es hält einen nix auf trab
Die absolute Langeweile,
die volle Winterstein-Meile.

Oder ist es der Hase im Pfeffer liegend
und man sich selbst besiegend
weil man das Problem gelöst
und endlich erlöst?

## Daran erkenn ich meine Pappenheimer

Oh Wallenstein, oh Wallenstein,
kann das denn wirklich sein?
Gleich erkannt und registriert,
auf das man keine Sekunde verliert

## Das Gras wachsen hören

Hörst du es auch?
Leise wie ein Hauch
Flüstert es mir die Zukunft ein,
was kommt was wird was wohl mag sein
Heimdall hört einfach alles
Im Fall des Falles.


## Das Handwerk legen

Da ist der Dieb,
dem alles lieb,
womit er sich bereichern kann,
dies scheint eine Daseinsplan.
Um diesem Schurken anheim zu kommen,
er ist ja auch schon sehr verkommen,
aber er soll das gerne unter seinesgleichen,
nur hier stellen wir die Weichen
und schwubs die wubs übers Bein gelegt
und ihm sein Handwerk gelegt

## Den Hof machen

Nicht im Hinterhof,
sondern bei Hof
spielt man den Tor
und geht den Weg empor,
um zu erobern was geht
bis die Zuneigung steht.

## Den Faden verlieren

Ich stehe auf der Leitung
Was wollt ich nochmals sagen
Jetzt muss ich mich beklagen
Über meine Gehirnwindung
Verloren im Labyrinth
wo ich's nicht mehr find

## Die Kirche im Dorf lassen

So ist es mit den Pfaffen
Sie labern wie die Affen,
wenn man selbst so einer ist,
und was für ein kleiner Egoist.
Da ist die Kuhhaut voll beschrieben
Und die Wahrheit auf der Strecke geblieben


## Eine ruhige Kugel schieben,

Manches ist einfach mühelos,
und man arbeitet unbeschwert,
dennoch wird alles groß
und erhält den goldenen Wert

Easy und ganz stringent
wird alles exzellent

## Einen Bock schießen

Der Schuss ist völlig daneben gegangen,
hatte sich wohl im Ziel Rohr verfangen
und hat im Desaster geendet
der schlaue Fuchs ist verendet


## Einen Freibrief für etwas haben

Freibriefe sind super gut
man hat ein riesen Gut
und darf machen, was man will
und alle andern sind ganz still

## Plastic Ocean

United we need to be
Nations of all kind
Opening the eyes to see
and ceasing to be blind

Stop the plastiv production
especially for bottles and bags
nobody what's destruction
and stupidity tags

We are looking forward to mankind
As attentive and an open mind

We are looking forward to intelligence
To support and enhance

We are looking forward to change the mindset,
that in the future nobody needs to regret

## Einen Klotz am Bein haben

Alles was schwer
Und nicht sein muss
Langweilt mich sehr
Damit ist nun Schluss

Der Klotz am Bein,
der hindert nur
wie Sisyphos' Stein
ich brauch ne Kur


## Es zieht wie Hechtsuppe

Hech supha der Sturm zieht auf,
da ist ja wohl ne Tür auf
und ist so richtig kalt
in eisiger Gestalt

## Etwas springen lassen

Ich werfe die Münze auf den Tisch
und lade alle ein
bin einfach freidenkerisch
und liebe das Sein

Diese Liebe möchte ich teilen
und an andere verteilen.


## Hopfen und Malz verloren

Das ist wohl nix geworden
und es bleibt dabei
Hier dazu der Idioten Orden
und dazu das Ei.

## In den sauren Apfel beißen müssen

Manchmal heißt es durchalten
Einen Gang hoch oder runter schalten
Und die bittere Pille schlucken
Ohne ins Ofenrohr zu kucken
Einfach durchziehen,
und nicht entfliehen.

## Kalte Füße bekommen

Oh je jetzt habe ich Muffelsausen.
Waren es denn nur Flausen?
Bloß nicht Stellung beziehen
und schnell entfliehen.

## Mehrere Eisen im Feuer haben

Glückshufe muss es viele geben,
damit das eine oder andere im Leben,
sich als Realität umsetzt
im Hier und Jetzt.

## Mit Haut und Haaren

Ich liebe dich
mit Haut und Haaren
und kann nur so verfahren
anderes geht es nich'


## Kapriolen schlagen

Wie ein Bock springen
und auch mal Unsinn besingen.
Verrückte Einfälle haben
und sich daran laben.


## Unter einer Decke stecken

Da mauscheln sie wieder
Unter dem Daunengefieder
und hecken zusammen was aus
hinter ihrem Blumenstrauß.

## Von der Tarantel gestochen

Was für eine überraschende Reaktion
und eine äußerst heftige Projektion
geradezu wie besessen
sich selbst vergessen
vom Wahnsinn übermannt
hat er die Situation verkannt

# Inhaltsverzeichnis

70

71